Thomas Diekmann

Elefantenfragen. Fragenspiele für starke Verkäufer

Thomas Diekmann

Elefantenfragen
Fragenspiele für starke Verkäufer

Thomas Diekmann
Elefantenfragen
Fragenspiele für starke Verkäufer

Cover-Gestaltung: Geneviève Marot, Paris
Lektorat/Satz: Ina Lackert, Leipzig

Herstellung und Verlag: BoD – Books on Demand, Norderstedt
ISBN 978-3-7322-8754-3

Bibliografische Information der Deutschen Nationalbibliothek:
Die Deutsche Nationalbibliothek verzeichnet diese Publikation in
der Deutschen Nationalbibliografie; detaillierte bibliografische
Daten sind im Internet über http://dnb.dnb.de abrufbar.

Inhaltsverzeichnis

Vorwort 7

Kapitel 1
Es geht schon los 9

Kapitel 2
Elefantenfragen 13

Kapitel 3
Hä? Offene Fragen? 21

Kapitel 4
Einstiegsfragen 33

Kapitel 5
Spiegeln 41

Kapitel 6
Die wichtigsten Aussagen identifizieren 45

Kapitel 7
Spielende 55

Kapitel 8
Wir schauen nur 61

Kapitel 9
Beispiele 65

Wohin läuft Ihr Elefant? 79

Über den Autor 81

Vorwort

Wir leben im Zeitalter des Luxus. Wir kochen nicht mehr über Feuerholz, fahren nicht mehr mit der Kutsche und erreichen unser Ziel mühelos ohne einen anstrengenden Fußmarsch. Im Zeitalter des Luxus lassen wir uns bekochen, sei es in feinen Restaurants, einfachen Gaststätten, Stehimbissen oder unserer eigenen Mikrowelle. Wir fahren mit dem Auto, manchmal sogar dann, wenn es nur ein paar hundert Meter Entfernung zu überbrücken gilt. Für alles gibt es eine Erleichterung.

Auch als Kunde in Geschäften gönnen wir uns den einen oder anderen Luxus. Und manchmal entscheiden wir uns gegen ein Geschäft oder gegen einen Verkäufer, denn im Grunde sind sie alle austauschbar. Es gibt nicht mehr *DEN* Verkäufer – es gibt viele von ihnen. Und nicht immer sind sie Verkäufer, manchmal sind sie lediglich Verteiler oder Verhinderer. In jeder Stadt finden wir die gleichen Läden. Discounter haben überall Einzug gehalten und bestimmen das Warenangebot. Stellt man sich vor, sie würden es schaffen, alle einzigartigen Einzelhandelsgeschäfte zu verdrängen, welche Einseitigkeit fänden wir dann in unseren Städten.

Gegen diesen Trend haben Sie hier ein Buch, das sich nicht auf einem Warenangebot ausruht, sondern ganz bewusst den Kunden in den Vordergrund stellen möchte. Mit einem „Fragengerüst-Gedankenspiel" können Sie sich auf die Seite Ihres Kunden stellen und ihn zu seinem Produktwunsch führen, weg vom allzu typischen *„anders haben wir das aber nicht".*

Dieses Buch richtet sich hauptsächlich an Küchenverkäufer, denn eine Einbauküche ist eines der kompliziertesten und aufwändigsten Produkte, das wir in Deutschland verkaufen können. Die Prinzipien lassen sich jedoch auf alle anderen Verkaufs- und Dienstleistungsbereiche und sogar den privaten Alltag übertragen.

Ich lade Sie ein, es auszuprobieren, so wie es viele hundert Teilnehmer meiner Seminare vor Ihnen getan haben. Bereiten Sie einen besseren und sichereren Abschluss vor, einen Abschluss, der auch Ihre Kunden glücklicher machen wird.

Mein Dank gilt Walter Klee, in dessen Firma NOVAtrain ich das Elefantenspiel und all das, was Sie in diesem Buch finden werden, ausprobieren und verfeinern durfte.

Ohne meine Lektorin Ina Lackert wäre ich vermutlich nicht fertig geworden. Danke, Ina, für Deine Unterstützung und Geduld und Deinen sanften, aber stetigen Druck.

Es geht schon los...

Es sind oft die kleinen Dinge, die darüber entscheiden, ob wir mit unserem Verhalten als Verkäufer Erfolg haben. Stellen wir uns folgenden Dialog zwischen einem Verkäufer und seinem Kunden in einem Möbelhaus in der Küchenabteilung vor:

Der Verkäufer fragt: „Was können wir denn für Sie tun?"

Der Kunde antwortet: „Wir suchen eine neue Küche."

V: „Was für, ähm, einen Stil hatten Sie für Ihre neue Küche gedacht?"

K: „Na, da sind wir uns noch nicht ganz sicher. Auf jeden Fall kein Landhaus."

V: „Was stört Sie denn an Landhaus?"

K: „Das haben wir jetzt fast 20 Jahre gehabt und haben uns daran satt gesehen."

V: „Was meinen Sie mit ‚satt gesehen'?"

K: „Die Farbe der Türen, den Stil der Griffe, das können wir nun nicht mehr sehen. Und außerdem sind die Geräte langsam fertig."

V: „Darf ich fragen, welche Farbe der Türen hat Ihre Küche jetzt?"

K: „Oh, weißes Holz mit so einem blau-schattierten Rahmen. Das war damals absolut in!"

V: „Ja, daran kann ich mich auch noch erinnern. Wie hat sich das weiße Holz denn in der Pflege gemacht?"

K: „Na ja, das ist es ja auch. Durch das Reinigen ist jetzt natürlich das Holz nicht mehr so schön. Deshalb würden wir eine Rahmentür auch nicht wieder nehmen, sondern lieber etwas Glattes."

V: „An was für ein Material hatten Sie denn gedacht, wenn Sie sagen etwas Glattes?"

K: „Also Freunde von uns haben ..."

So könnte ein Gespräch ablaufen. Ist Ihnen etwas aufgefallen? Der Verkäufer hat das Elefantenspiel gespielt. In den nächsten Kapiteln werde ich Ihnen die Idee und den Hintergrund des Elefantenspiels erläutern und wir werden immer wieder auf dieses kurze Beispiel eingehen, weil es viele Rückschlüsse auf den Kunden zulässt, auf die ein Verkäufer besser eingehen sollte, um den Abschluss nicht zu gefährden.

Hier sei gesagt, dass das vielleicht wichtigste Ziel des Elefantenspiels das **ernsthafte Interesse** am Kunden ist. Es geht um Nachfragen, Nachfragen und nochmal Nachfragen – und das so geschickt, wie möglich. So tief wie möglich. So unauffällig, wie möglich. Nur so erfahren wir so viel wie möglich vom Kunden, über seine Wünsche und Gedanken, über seine Gewohnheiten und Erfahrungen. Es geht vor allem darum, ein tieferes Verständnis zu bekommen und dadurch den Bedarf genauer zu ermitteln.

Ein weiteres Bild kann diesen Ansatz noch besser verdeutlichen: Sie kennen sicher Litfaßsäulen. In vielen Städten, besonders den größeren, gibt es sie. Unaufhörlich sind sie Träger für mannigfaltige Werbebotschaften, von allen Seiten zu sehen. Nun stellen Sie sich vor, Sie stehen auf der einen Seite der Litfaßsäule und Ihr Kunde steht auf der anderen. Wissen Sie, was Ihr Kunde gerade sieht? Können Sie von Ihrem Standpunkt aus erkennen, was Ihren Kunden auf seiner Seite interessiert, was er betrachtet? Manchmal können Sie ja noch nicht einmal den Kunden selbst sehen, weil die Litfaßsäule einen größeren Durchmesser als ein menschlicher Körper hat. Auf unsere Situation übertragen heißt das: Sie als Verkäufer müssen sich die Mühe machen, um die Litfaßsäule herumzugehen, um zu erkennen, was und wie der Kunde denkt. **Sie** wollen ja den Auftrag vom Kunden, darum müssen Sie auf den Kunden zugehen. Er hat bereits den ersten Schritt getan, indem er in Ihr Geschäft gekommen ist.

Genau wie bei dieser Litfaßsäule, können wir uns nie ganz sicher sein, unseren Gesprächspartner vollkommen richtig verstanden zu haben. Welches Plakat schaut er sich an? Welche Werbung interessiert ihn? Welche Musik genießt er am meisten? Welchen Termin hat er im Blick? Welches Detail sticht ihm ins Auge?

Was sind Sie für ein Typ? Bevorzugen Sie die elektrischen Litfaßsäulen, die sich selbständig drehen? Jene also, bei denen Sie Ihren Standpunkt nicht verlassen müssen? Jene, bei denen Ihr Kunde sich bemühen und Ihren Standpunkt einnehmen muss? Das halte ich für eine sehr gefährliche Einstellung. Ich habe bei meinen Coachings im Handel viele Verkäufer erlebt, die nicht willens waren, ihren Standpunkt zu verlassen, um sich an die Seite ihres Kunden zu begeben. Die Rechtfertigung, die am häufigsten gegeben wurde (meistens mit einem leicht arroganten Unterton), war dann: *„Ich verkaufe dem Kunden nur, was mir selbst gefällt!"*

Es mag ja tatsächlich Verkäufer geben, die mit einer solchen Einstellung erfolgreich sind. Einfacher und dauerhafter, ehrlicher und kalkulierbarer sind jedoch die Verkaufsgespräche, in denen es um die Wünsche des Kunden geht. Wie machen Sie es?

Kommen wir nun zu Elefantenfragen im Elefantenspiel. Viel Spaß mit der Entdeckung einer Ergänzung für Ihre Bedarfsermittlungsphase.

Elefantenfragen

Bei der Beobachtung von erfolgreichen Verkäufern fiel mir wiederholt auf, dass das ernsthafte Interesse an einem Kunden einer Art „Technik" folgte. Sie bezogen sich immer wieder auf etwas, das der Kunde bereits gesagt hatte. In der Rückbesinnung auf Wortspiele aus der Kindheit und unter Berücksichtigung einer Technik aus der Psychologie, die man als Spiegeln bezeichnet, entstanden die Elefantenfragen.

Als meine Freunde und ich endlich das Lesen und Schreiben gelernt hatten, spielten wir manchmal ein Spiel. Es funktioniert so: Der erste Spieler nennt ein Tier. Den letzten Buchstaben des Tiernamens nimmt der nächste Spieler als ersten Buchstaben eines von ihm zu suchenden neuen Tiernamens. Der nachfolgende Spieler nimmt wieder den letzten Buchstaben und sucht ein neues Tier. So geht es reihum bis kein Tiername mehr gefunden werden kann.

Dabei gelten folgende Regeln:

1. Kein Tier darf doppelt genannt werden
2. Keiner der Spieler darf vorsagen
3. Ich fange immer an (diese Regel ist optional)

Regel Nummer 3 ist eine Regel, die ich in meinen Seminaren aufstelle, und es ergab sich, dass mir sehr häufig eines der größten lebenden Tiere, das ich kenne, einfiel – der ELEFANT. Und so entstand die Bezeichnung für diese Art des Fragens – Elefantenfragen. Und daraus der Begriff Elefantenspiel.

Die einfache Spielidee lässt sich am besten an einem Beispiel aufzeigen. Die Treppenstufen-artige Darstellung soll die spätere Übertragung des Spiels auf die Fragen in einem Verkaufsgespräch bildhaft verdeutlichen.

ELEFAN **T**
    TIGE **R**
        RATT **E**
            ESE **L**
               LAM **A**
                  AFF **E**
                     EM **U**
                        UH **U**
                           U...?

Fällt Ihnen noch ein Tier mit „U" ein? Natürlich kann man dieses Spiel auch mit Automarken, Lebensmittelmarken, Vornamen oder anderen Kategorien spielen.

Zu den Elefantenfragen gehören drei Aspekte:

1. Zuhören (Hinhören)
2. Spielen
3. Spiegeln

In meinen Seminaren habe ich einige Beobachtungen gemacht:

- Es fällt auf, dass viele Teilnehmer nicht gut genug hinhören und das Tier des vorherigen Spielers entweder nicht korrekt oder sogar überhaupt nicht wahrgenommen haben.

- Es ist immer einfacher, wenn man nicht dran ist – so zumindest denkt man. Genau das verleitet zum Vorsagen.

- Häufig entstehen Pausen beim Nachdenken, was absolut in Ordnung ist. Auch beim Verkaufen ist es manchmal ratsam, Pausen einzulegen, um dem Kunden Zeit zum Nachdenken zu geben. Eine Frage, die ein Verkäufer stellt, bekommt eine erste Antwort, doch manchmal denkt der Kunde noch weiter über die Frage nach und gibt später eine zweite, besser durchdachte Antwort.

- Für Fortgeschrittene lassen sich die Regeln verschärfen, indem man statt des letzten Buchstabens den 2. oder 4. Buchstaben des Wortes nimmt, um ihn als Anfangsbuchstaben für das nächste Tier zu benutzen. Hierdurch werden die Aspekte des Hinhörens und des Spiegelns stärker betont.

- Das Spiel hat ein natürliches Ende. Bislang sind mir nur drei Tiere mit dem Anfangsbuchstaben „U" bekannt. Hier bin ich sehr dankbar für weitere Tierarten mit „U", um das Spiel zu bereichern.

- Urmel ist kein Tier. Dabei handelt es sich um einen Namen.

Schauen Sie sich nun noch einmal das Gespräch in Kapitel 1 an, und prüfen Sie, ob die Strategie des Spiels für Sie erkennbar ist.

Übertragen wir die Spielregeln auf die Elefantenfragen im Verkaufsgespräch, fällt Folgendes auf:

1. Das Fragespiel funktioniert nur mit offenen Fragen. Was genau offene Fragen sind, klären wir eingehend in Kapitel 3.

2. Aus dem Antwortsatz des Kunden, wird **nicht** der letzte Buchstabe genommen, um daraus eine neue Frage zu bilden, sondern die wichtigste Aussage.

3. Diese wichtigste Aussage muss im neuen Fragesatz wieder auftauchen (Spiegeln).

4. Ab einer gewissen Tiefe ist weiteres Fragen vielleicht möglich, allerdings nicht immer sinnvoll.

Wir werden auf diese Punkte in den nächsten Kapiteln noch ausführlicher eingehen und Beispiele aus der Küchenbranche heranziehen. Die Elefantenfragen sind jedoch für jedes Produkt umsetzbar.

Noch einmal zurück zur Namensgebung: Bekanntlich ist der Elefant ein sehr schweres Tier. Manchmal frage ich mich, ob die Übertragung der Spielregeln auf die Art des Fragens so schwer im Sinne von „schwierig" ist, dass das Gewicht des Tieres unbewusst Einfluss auf die Namensfindung genommen hat, denn offene Fragen anstelle von Alternativfragen zu stellen, ist für viele Verkäufer eine sehr schwere (schwierige) Angelegenheit.

Schwierig ist es auch für Verkäufer zu erkennen, dass es sinnvoll ist, den Kunden und seine Antworten mit allen Sinneskanälen wahrzunehmen.

Schauen wir uns nun noch einmal den Dialog aus Kapitel 1 in einer schematischen Darstellung an, um die Idee, die ich mit dem Schema der Elefantenfragen verbinde, klarer zu verdeutlichen:

V: „Was können wir denn für Sie tun?"

K: „Wir suchen eine **neue Küche**."

V: „Was für, ähm, einen Stil hatten Sie für Ihre **neue Küche** gedacht?"

K: „Na, da sind wir uns noch nicht ganz sicher. Auf jeden Fall kein **Landhaus**."

V: „Was stört Sie denn an **Landhaus**?"

K: „Das haben wir jetzt fast 20 Jahre gehabt und haben uns daran **satt gesehen**."

V: „Was meinen Sie mit ‚**satt gesehen**'?"

K: „Die **Farbe der Türen**, den Stil der Griffe, das können wir nun nicht mehr sehen. Und außerdem sind die Geräte langsam fertig."

V: „Darf ich fragen, welche **Farbe der Türen** hat Ihre Küche jetzt?"

K: „Oh, **weißes Holz** mit so einem blauschattierten Rahmen. Das war damals absolut in!"

V: „Ja, daran kann ich mich auch noch erinnern. Wie hat sich das **weiße Holz** denn in der Pflege gemacht?"

K: „Na ja, das ist es ja auch. Durch das Reinigen ist jetzt natürlich das Holz nicht mehr so schön. Deshalb würden wir eine Rahmentür auch nicht wieder nehmen, sondern lieber **etwas Glattes**."

V: „An was für ein Material hatten Sie denn gedacht, wenn Sie sagen **etwas Glattes**?"

K: „Also Freunde von uns haben ..."

Dieses Schema lässt sich mit einem Tennisspiel vergleichen. Mit Ihrer Einstiegsfrage eröffnen Sie das Spiel – Ihr Kunde gibt den Ball zurück. Zunächst etwas zaghaft, denn noch ist es ein Abtasten und Kennenlernen; das Vertrauen baut sich erst auf.

Sie schlagen seinen Ball wieder zurück, und zwar denselben Ball. Und so spielen Sie sich den Ball immer wieder zu. Der Kunde merkt gar nicht, wie Sie seine Vorlagen zum Return nutzen. Das ist die Technik des Spiegelns.

Der Vergleich mit dem Tennisspiel hat einen großen Nachteil. Im Sport gibt es immer einen Verlierer. Wenn Sie Ihrem Kunden mit Ihrer Einstiegsfrage ein Ass schlagen, kann Ihr Kunde den Aufschlag nicht parieren, ist enttäuscht und wird sich nicht auf das „Spiel" mit Ihnen einlassen, sondern mit einem anderen Verkäufer spielen. Wäre es nicht sinnvoller, dass beide im Verkaufsgespräch gewinnen? Kennen Sie das Gefühl, wenn Ihnen jemand mit einer Haltung von *„Na dem werde ich's zeigen!"* gegenübertritt? Es ist viel besser, wenn Sie dem Kunden vermitteln, dass Sie sich ganz für ihn interessieren.

Im Grunde ist jetzt alles erläutert, was Sie über Elefantenfragen wissen müssen. Sie kennen das Spiel mit den Tiernamen und Sie wissen, dass es darum geht, die Spielidee auf eine Strategie mit offenen Fragen und der Wiedererwähnung der wichtigsten Kernaussage des Kunden zu übertragen, um eine neue, tiefergehende Frage stellen zu können, wobei der Impuls für Ihre nächste Frage jeweils vom Kunden kommt.

Noch Fragen?

Hä? Offene Fragen?

F ragen lassen sich in mehrere Kategorien mit diversen Untergruppen einteilen. In diesem Kapitel möchte ich mich auf die vier gängigsten Frageformen beschränken. Das sind:

1. Offene Fragen
2. Geschlossene Fragen
3. Alternativfragen
4. Suggestivfragen

Geschlossene Fragen

Reihenfolge ade, beginnen wir mit den geschlossenen Fragen. Wichtigstes Merkmal einer geschlossenen Frage ist, dass sie „normalerweise" nur mit einem Ja oder einem Nein beantwortet werden „kann" – „normalerweise" deswegen, weil es viele Menschen gibt, die bei solch einer Frage höflicherweise versuchen, den gemeinten Sinn der Frage zu erkennen und somit antworten, als hätte man ihnen eine offene Frage gestellt. „Kann" meine ich deswegen, weil der Antwortgebende eventuell eher ein *Vielleicht* auf den Lippen hat, da er sich zuerst erklären möchte, bevor er sich auf ein *Ja* oder *Nein* festlegt.

Das lässt sich gut in Gesprächsrunden mit Politikern beobachten, wenn der Journalist oder Moderator mit einer geschlossenen Frage den Politiker auf eine bestimmte Position festnageln möchte. Zum Beispiel: „Stimmt es, dass Sie mit Minister X über eine Weiterführung der Subvention Einigkeit gefunden haben?" Der gefragte Politiker antwortet meist ausweichend: „Nun, ich möchte das mal so sagen, ...". Oder: „Schauen Sie, es ist doch so...", und umgeht somit geschickt, sich positionieren zu müssen.

Die geschlossene Frage wird auch als Entscheidungs- oder Bestätigungsfrage bezeichnet und ist somit als Kontrollfrage bestens geeignet: „Habe ich Sie richtig verstanden, dass Sie dann eine Holzfront mit Rahmen nicht wieder kaufen möchten?" Oder: „Sind Sie damit einverstanden?"

Die geschlossene Frage wird als solche bezeichnet, weil sie einen Fragepunkt schließt beziehungsweise abschließt. Sie ist also auch eine Abschlussfrage.

Alternativfragen

Bei einer Alternativfrage stellen Sie dem Kunden zwei oder mehrere Alternativen zur Auswahl und bitten ihn damit um eine Entscheidung: „Hätten Sie lieber Rot, Gelb oder Braun als Farbe für die Griffe?" Oder: „Möchten Sie lieber am Mittwoch oder am Donnerstag zum Gespräch kommen?"

Die Alternativfrage eignet sich hervorragend, um die Stufe des *Ob* zu überspringen und gleich zur Stufe des *Wie* zu gelangen. Es ist auch eine beliebte Form der Abschlussfrage im Verkaufsgespräch: „Zahlen Sie bar oder per Scheckkarte?" Oder: „Möchten Sie abholen oder sollen wir liefern?"

Viele Verkäufer verwenden Alternativfragen quasi als ihre Lieblingsfragen. Ich habe oft beobachtet, dass sie mit einer guten offenen Frage beginnen, dann allerdings rasch eine Alternativfrage anhängen. „An was für einen Holzton hatten Sie denn gedacht? Eher Buche oder Eiche?" Dadurch geht allerdings der Charakter der offenen Frage verloren und es stehen nunmehr nur noch die beiden genannten Alternativen zur Verfügung. Doch was ist mit Kirsche oder Birke, mit Ahorn oder Wallis-Zwetschge, mit Coco-Bolo oder Arusha?

Alternativfragen können unendlich viele Alternativen anbieten. Bei der heutigen Produktvielfalt gibt es unzählige Möglichkeiten und so mancher Kunde sagt sich *„Früher war das einfacher, da gab es nur drei Farben."* Das drückt allerdings auch aus, dass der Kunde Begleitung wünscht und nun kann der Verkäufer durch geschickte, eingrenzende Fragen dem Kunden bei der Entscheidungsfindung helfen. Erfahrungsgemäß kann ein Kunde sinnvolle Entscheidungen nur dann treffen, wenn die Alternativen auf höchstens drei oder vier eingegrenzt worden sind.

Suggestivfragen

Suggestivfragen sind sehr gefährliche Fragen. Unbewusst gestellt, enthalten sie unsere eigene Meinung oder sogar den Frust, den ein Verkäufer in dem bisherigen Verkaufsgespräch eventuell empfindet. Bewusst gestellt, zielen sie darauf, den Gesprächspartner beinahe zu zwingen, die Ansicht des Fragenden zu übernehmen. Sie suggerieren einem Kunden, die Meinung des Verkäufers teilen zu müssen. Zum Beispiel: „Sie sind doch auch der Meinung, dass dieses Buch eine sehr gute Ergänzung zu den bereits erschienenen ist, richtig?"

Wenn ein Kunde unschlüssig ist, ob er die Arbeitsplatte der Küche in der Ausführung so möchte und der Verkäufer durch diese Unschlüssigkeit etwas genervt ist und Widerstand spürt, kann es leicht passieren, dass er unbewusst mit Druck reagiert und eine Suggestivfrage stellt. Das ist gefährlich. Geschickter wäre es, mit einer offenen Frage noch einmal zu klären, was den Kunden verunsichert. Wird eine Suggestivfrage zum falschen Zeitpunkt gestellt, kann dies zu einer Beziehungsrevolution führen, so dass der Kunde sich innerlich verabschiedet, weil er den Druck, den er spürt, nicht mag.

Ungefährlich ist eine Suggestivfrage, wenn ein Kunde zwar unschlüssig ist, aber die zur Wahl stehenden Alternativen allesamt richtig sind, weil es sich lediglich um minimale Unterschiede handelt. Es könnte dem Kunden sogar angenehm sein, wenn ihn jemand an die Hand nimmt. Das beobachte ich des öfteren bei älteren Kunden, die sich gern noch mit ihrer Tochter, Enkeltochter oder einem anderen Familienmitglied, die zur finalen Entscheidung im Moment des Gesprächs jedoch nicht zur Verfügung stehen, besprechen möchten. Eine gute Suggestivfrage wäre hier beispielsweise: „Sollen wir dann nicht erstmal die Farbe 118 einplanen, wir können es später gern noch ändern, ja?"

Eine erfolgreiche, mit etwas Druck verstärkte Abschluss-Suggestivfrage sollte gegen Ende eines Verkaufsgesprächs allerdings nicht fehlen: „Es spricht doch jetzt nichts mehr gegen einen Vertrag, oder?"

Offene Fragen

Offene Fragen werden so bezeichnet, weil sie ein Gespräch öffnen. Sie erfragen Meinungen, Hintergründe, Erfahrungen, bekunden Interesse und öffnen die Gedankenwelt des Kunden beziehungsweise des Gesprächspartners. Es sind die Fragen, die die meisten Möglichkeiten bieten und sind somit eine Einladung, sich auf ein Gespräch einzulassen.

Die deutsche Sprache bietet uns freundlicherweise sehr viele Fragewörter, die mit „W" beginnen, was der offenen Frage auch den Namen „W-Frage" eingebracht hat. Hier ist die Sesamstraße ein hervorragendes Beispiel, denn dort heißt es: „Wer, wie, was, wieso, weshalb, warum; wer nicht fragt, bleibt dumm." Das kann man sogar singen. Doch es gibt noch mehr Fragewörter mit „W": Woran, wobei, wofür, wodurch, wo, wozu, worauf, weswegen, wogegen, wann, wonach. Ein Fragewort, das nicht mit „W" beginnt aber dennoch eine offene Frage einleitet, ist „Inwiefern".

Unterscheiden möchte ich diese Fragewörter in zwei Kategorien: Ganz offene Fragen und eher kurze Informationsfragen. Die tendenziell ganz offenen Fragen werden eingeleitet durch: Wie, was, wieso, weshalb, warum, woran, wodurch, wobei, wozu, worauf, weswegen, inwiefern. Die tendenziell kürzeren offenen Fragen durch: Wer, wann, wonach, wo, wofür, wogegen.

Diese Einteilung soll lediglich eine grobe Tendenz darstellen. Wenn Sie Ihren Kunden zum Beispiel fragen „Wer hat denn den Grundriss so professionell gezeichnet?", könnte Ihr Kunde – je nach Charakter – so oder so antworten:

Kunde 1: „Ich selbst."

Oder Kunde 2: „Also, das ist so. Unsere Tochter hat ja früher schon gerne gemalt. Dann hat sie durch ihre Lehrerin – wie hieß die doch gleich? – ..."

Für die Elefantenfragen eignen sich am besten die tendenziell ganz offenen Fragewörter. Ein paar Fragewörter und die damit verbundenen offenen Fragen sind allerdings auch gefährlich, weil sie den Kunden unter Umständen in eine Rechtfertigungshaltung bringen könnten. Denken wir an unsere eigene Kindheit, dann erinnern uns die Fragewörter *warum, weshalb und wieso* an Situationen, in denen wir uns für etwas rechtfertigen mussten. Fragen wie *„Warum hast Du denn nicht…?“*, *„Weshalb ist es denn nur eine 5 geworden?“*, *„Wieso hast Du nicht rechtzeitig...?“*, bringen den Gesprächspartner immer in eine Verteidigungshaltung, die ihn in die Rolle eines Unterlegenen versetzt – und das tut weh. Für das Verkaufsgespräch ist es daher absolut schädlich, diese Fragewörter zu benutzen, ohne diesen Rechtfertigungsaspekt zu bedenken.

Eine besser funktionierende Technik habe ich mir bei Roland Kohne, einem meiner ersten Verkaufstrainer, abgeschaut. Er benutzte für diese Fragen gerne ein *„ÄHM“*. Damit schwächte er die rechtfertigende Wirkung ab und der Kunde merkte das ernsthafte, positive Interesse. Wichtig ist bei diesem „ÄHM“ der passende Tonfall, der diese Frage dann abrundet. Dies lässt sich schriftlich leider nur sehr begrenzt vermitteln. Stellt ein Verkäufer die Frage „Warum haben Sie das vorhin nicht schon gesagt?“, könnte beispielsweise folgende Reaktion des Kunden kommen: „Na hören Sie mal, man wird wohl noch seine Meinung ändern dürfen!“

Durch die Verwendung des „ÄHM“ lässt sich eine sanftere Reaktion erzielen:

V: „Warum, ähm, haben Sie das, ähm, vorhin nicht schon gesagt?“ (bitte Tonfall beachten)

K: „Tja, wir haben noch einmal nachgedacht und denken jetzt, dass es so auch ganz schön wäre.“

Im nächsten Kapitel werden wir uns eingehender mit dem Thema Einstiegsfragen beschäftigen, doch einige Gedanken dazu möchte ich bereits hier darlegen, denn sicher haben Sie sich dieses Buch gekauft, um Ihre Fragetechnik zu überdenken und ihre Gesprächsführung zu verbessern. Daher sollten wir auch über die Einstiegsfrage in das Elefantenspiel nachdenken. Es wirkt kräftiger, sicherer und professioneller, wenn Ihre Einstiegsfrage schon getestet und erprobt ist. Viele Verkäufer benutzen trotz ihrer Teilnahme an Verkaufstrainings immer noch die Einstiegsfrage *„Kann ich Ihnen helfen?"*. Ja, diese Frage funktioniert, doch sie wird nicht zu Unrecht als „Rot-Kreuz-Frage" bezeichnet. Das Wort „helfen" impliziert die gehobene Stellung des Verkäufers und teilt somit dem Kunden unverzüglich eine untergebene Position zu. Hinzu kommt, dass die Formulierung der Frage von geschlossenem Charakter ist und das Gespräch nicht öffnet, sondern unterschwellig vielmehr folgende Botschaft vermittelt: *„Was wollen Sie denn hier? Muss ich Ihnen etwa helfen? Sie stören!"*

Ich erinnere mich an eine *Verkäuferin*, die mir folgende Alternativfrage in den Rücken stellte: „Kann ich Ihnen helfen oder schauen Sie sich nur um?" Beim zweiten Teil der Frage richtete sich ihr Körper auf und ihr Tonfall suggerierte mir, dass ich bitte dem zweiten Teil ihrer Frage zustimmen sollte.

Ihre Einstiegsfrage klang also im Grunde folgendermaßen: *„Wollen Sie sich etwa helfen lassen? Bitte schauen Sie sich allein um."*

In diesem Zusammenhang ist es noch wichtig, zu klären, dass „*Wollen*" kein Fragewort im offenen Sinn ist, auch wenn es mit einem „W" beginnt. Es leitet eine Alternativfrage ein, wie das zuvor aufgezeigte Beispiel, neben Körpersprache und Intonation, gut aufzeigt.

Es gibt definitiv bessere Einstiegsfragen. Hier ein paar Beispiele:

„Was kann ich denn für Sie tun?"

Wenn Frauen diese Frage stellen, ist eine Formulierung mit „Matcho-hemmendem-Charakter" eventuell angebrachter:

„Was können **wir** denn für Sie tun?"

Begleitet mit einem einfühlsamen Tonfall, können Sie mit diesen Fragen ein Verkaufsgespräch eröffnen:

„Was suchen Sie denn Schönes?"

„Was, ähm, bräuchten Sie?

„Wonach sind Sie auf der Suche?"

Einige wichtige Hinweise:

- Fragen Sie möglichst neutral, nicht meinungsgefärbt, also nicht so etwas wie: „*Das ist doch auch eine schöne Küche, was meinen Sie?*"

- Fragen Sie offen, also stellen Sie offene Fragen.

- Stellen Sie nur eine einzige offene Frage.

- Kommen Sie dem Kunden nicht zu nah, halten Sie gerade zu Beginn eines möglichen Gesprächs mehr als eine Armlänge Abstand.

- Bitte leiten Sie Ihre Frage nicht mit einem Vortrag über dieses oder jenes ein.

- Vermitteln Sie Ihrem Kunden, dass Sie noch etwas anderes tun könnten, falls er Ihre Hilfe nicht benötigt oder es zumindest so mitteilt.

- Hören Sie hin, was der Kunde antwortet, achten Sie nicht nur auf die Worte, sondern auch auf Körpersprache und die Klangfarbe seiner Stimme.

- Lassen Sie dem Kunden genügend Zeit.

- Nehmen Sie die Hektik aus dem Gespräch, meist ist der Kunde privat bei Ihnen.

Zum Abschluss eine Erläuterung zur Überschrift des Kapitels. *„Hä?"* ist eines der kürzesten Fragewörter in der deutschen Sprache – wenn auch nicht das Schönste – und es erfragt Hintergrund. Ein Sinn der Elefantenfragen ist, sich nicht mit der ersten Antwort des Kunden zufriedenzugeben, sondern tiefer zu gehen und mehr Hintergrund zu erfragen, um den Kunden mit seiner Meinung und seinen Wünschen besser zu erfassen und damit auch besser zu bedienen.

Haben Sie die Wünsche wirklich sicher erfasst? „Hä?" könnte Ihnen helfen, noch einmal auf Nummer sicher zu gehen. Ein Beispiel dazu aus dem Alltag: Sie treffen einen Bekannten, der Sie dann fragt, *„Na, wie* *geht's?"* Antworten Sie darauf immer völlig korrekt und ausführlich über Ihre derzeitige Situation oder Stimmung? Mit der Standardantwort *„Gut."* oder *„Es geht so."*, provozieren Sie ein Nachfragen Ihres Bekannten, mit dem er aufrichtiges Interesse zeigen könnte. Fragt er nicht nach, wissen Sie, dass er nicht wirklich ernsthaft interessiert ist.

Das macht Ihr Kunde genauso. Hä?

Einstiegsfragen

D Die Frage „Wie spreche ich einen Kunden effektiv an?" verursacht bei den meisten Verkäufern noch immer große Unsicherheit. Wenn ich im Coaching im Anschluss an meine Seminare die Diskussion darüber eröffne, kommt häufig die Reaktion *„Das mache ich je nach Situation."* Zum weiteren Nachdenken bietet sich folgender wohlbekannter Spruch an: *Für den ersten Eindruck gibt es keine zweite Chance.*

Heutzutage, wo die Angebotsvielfalt so groß ist, dass der Kunde im Umkreis von 30 Kilometern jedes Produkt mehrfach angeboten bekommt, Kauftreue nicht mehr automatisch vorausgesetzt werden kann und das Internet zu einem großen Konkurrenten geworden ist, sollte jeder Verkäufer dieses Motto zum Maßstab seines Handelns machen. Ist es inmitten dieses harten Konkurrenzkampfes nicht angebracht, dass ich als Verkäufer die Situation so gestalte, dass der Kunde sich wohlfühlt? Ja, von Anfang an wohlfühlt? Wäre es nicht schön, ich könnte mich darauf verlassen, dass meine Strategie messbaren Erfolg aufweist? Um das zu gewährleisten, ist es wichtig, den ersten Eindruck so zu gestalten, dass es ein guter Eindruck wird.

In diesem Kapitel möchte ich mich auf den Eingangssatz, oder besser, die Einstiegsfrage beschränken und einige kritische Anmerkungen zu erlebten Kunden-Ansprachen darlegen. Ehe wir in die Materie eintauchen, sollten wir klären, was besser ist: Ein Eingangssatz oder eine Einstiegsfrage. Ein leider beliebter Eingangssatz lautet: *„Diese Küche können Sie auch in anderen Farben und anderer Aufstellung bekommen…"*. Es ist jedoch immer sinnvoller, den Kunden zu fragen, statt sofort mit einer Information zu beginnen, ohne zu wissen, was ihn wirklich interessiert. Das käme einer Museumsführung gleich, bei der Informationen über die zu sehende Ausstellung weitergegeben werden. Um die Kundenwünsche zu erfahren, ist es sowohl wichtig als auch sinnvoll, Fragen zu stellen.

Für wichtig halte ich, dass die Einstiegsfrage zu Ihnen passt. Das ist abhängig davon, ob Sie Frau oder Mann, vornehm, jugendlich, modern, traditionell oder alternativ sind. Und es ist wichtig, dass Sie sich mit Ihrer Einstiegsfrage wohlfühlen, dass sie zu Ihnen passt. Probieren geht da über studieren.

Wenn Sie einfach mit übertriebener Höflichkeit auf jeden Ihrer Kunden zugehen und sie mit den Worten *„Einen WUNDERschönen TAG wünsche ich Ihnen. HERZlich willkommen im Möbelhaus Zett, meine Name ist Werner Müller, ich bin seit 15 Jahren Verkäufer und Einrichtungsberater und …",* dann müssen Sie damit rechnen, dass sich Ihre Kunden mit dieser Salve gespielter Freundlichkeit überfordert fühlen. Antwortet ein Kunde darauf, dass er nur die Toilette suche, werden Sie enttäuscht sein, denn Aufwand und Ergebnis stehen in keiner Relation zueinander.

Grundsätzlich stellt sich die Frage: Was möchte der Kunde wirklich – abgesehen von dem Produkt, das er sucht?

- Er möchte wahrgenommen werden.

- Er möchte nicht kontrolliert werden.

- Er möchte dann angesprochen werden, wenn er den Kontakt sucht, also bereit ist für ein Gespräch.

- Er möchte nicht von einem Clown bedient werden – weder optisch noch verbal.

- Er möchte nicht in den Rücken angesprochen werden – das erschreckt ihn.

- Er möchte nicht wie ein Patient der Notfallambulanz angesprochen werden.

- Er erwartet ernsthaftes, ehrliches Interesse an seinen Wünschen.

- Er möchte, dass seine Wünsche akzeptiert werden, warum oder woher auch immer er sie hat.

- Er wünscht sich Fragen, auf die er antworten kann, die also nicht zu schwierig oder übermäßig kompliziert zu beantworten sind.

- Er möchte nicht belehrt werden.

- Er möchte Zuspruch.

- Er möchte ein angenehmes Gespräch, ohne Störungen.

Die Erwartung ist also hoch – zu Recht. Haben Sie einmal andere Verkäufer, vielleicht auch aus anderen Branchen bewusst beobachtet? Dann wird Ihnen aufgefallen sein, wie steif und ungelenk manch ein Gesprächseinstieg verläuft. Es ist eine schwierige Aufgabe, die Situation für einen guten Gesprächseinstieg zu gestalten, denn nur ein guter Einstieg garantiert einen guten Verlauf.

Haben Sie eine Einstiegsfrage? Eine Frage, die Sie bereits etliche Male testen konnten? Welche Frage ist das? Sie sollten fünf Einstiegsfragen zur Verfügung haben, mit denen Sie ein Gespräch in Gang bringen. Es sollten fünf Fragen sein, auf die Sie schon Reaktionen kennen, weil Sie sie schon einige Male erlebt haben. Fünf Einstiegsfragen, die prüfbare Ergebnisse bringen, denn es geht um Erfolg und es geht um den ersten Eindruck. Dass es eine offene Einstiegsfrage sein sollte, haben wir ausreichend erörtert.

Bevor Sie weiterlesen. Schreiben Sie bitte Ihre besten zwei Einstiegsfragen auf:

Meine 1. Einstiegsfrage:

_____?

Meine 2. Einstiegsfrage:

_____?

Bitte nehmen Sie Ihre beiden Fragen und überprüfen Sie sie auf Ergiebigkeit anhand der zuvor aufgeführten Erwartungen Ihres Kunden. Unterziehen Sie sie Punkt für Punkt einer Prüfung:

- Wird Ihr Kunde mit Ihrer Frage wahrgenommen?

- Wird Ihr Kunde kontrolliert?

- …

Und? Funktionieren Ihre Fragen? Haben Sie Ihre Fragen offen formuliert?

Interessanterweise haben sich in der Praxis die einfachen Fragen bewährt. Natürlich spielt auch die Intonation eine Rolle. Wenn Sie eine negative Einstellung durch einen dementsprechenden Unterton in Ihre Frage einfließen lassen, werden Sie feststellen, dass auch bewährte Fragen nur mäßig funktionieren. Intonation lässt sich in einem Buch allerdings nur schwer vermitteln. Mit Ihrer Videokamera oder der Video- beziehungsweise Audioaufnahmefunktion Ihres Smartphones können Sie Ihre Intonation gut überprüfen und sie, wenn nötig, verbessern. Hier zwei bewährte Fragen:

„Was können wir denn (Schönes) für Sie tun?"

„Was suchen Sie denn (Schönes)?"

Schauen wir uns die erste Frage etwas genauer an:

- **Was**: Dieses Fragewort leitet eine offene Frage ein, es zeigt Interesse und ist einfach zu verstehen. Die Frage geht also einen Schritt über das *„Ob"* hinaus und fragt konkret nach dem *„Was"*.

- **Können wir**: Können vermittelt dem Kunden Kompetenz. Wir sagen, dass wir können, auch wenn wir es in einen Fragesatz einbinden. Wir sagen *wir*, weil ein ganzes Team oder eine ganze Firma hinter dieser Frage steht und bereit ist, dem Kunden seinen Wunsch zu erfüllen. Wir – das bin ich, der Verkäufer, und es sind unsere Einkäufer, unsere Lageristen, unsere Monteure, etc. Für Verkäuferinnen ist das *„Wir"* besonders gut geeignet, da das *„Ich"* und somit eine eventuell gefärbte Antwort eines Kunden entfällt (*„Na, wenn Sie wüssten…"*)

- **Denn**: Dieses kleine Wörtchen macht die Frage etwas niedlicher, kleiner, vertrauter, netter.

- **Schönes**: Wenn Sie eher „hässliche" Produkte verkaufen, könnten Sie das Wort durch „Gutes" ersetzen. Man kann es auch weglassen. Im Grunde ist es eine Frage des Produkts.

- **Für Sie**: Es vermittelt das Interesse am Wohl des Kunden, es ist ein *„Wir für Sie"*. Der Kunde spürt und hört, dass es um ihn geht.

- **Tun**: Wir werden praktisch und stellen von Anfang an klar, dass wir bereit dazu sind. Wenn unser Handeln danach wirklich schlüssig und zielgerichtet ist, deutet dieses Wort ebenso an, dass wir nicht nur bei einem Angebot bleiben, sondern auch die Wünsche umsetzen können und den Auftrag erhalten möchten.

- Die zweite Frage ist aus der Reaktion vieler Kunden, auf die erste Frage entstanden: „Wir suchen…"

Warum also nicht diese Häufigkeit zum Prinzip machen? Allerdings lässt sich diese Frage nicht in allen deutschen Sprachkreisen anwenden. Das, was in einer Region höflich oder geschickt klingt, mag in einer anderen nicht wirklich so aufgefasst werden. Bitte nehmen Sie sich die Zeit und prüfen das für Ihre Region. Auch Ihre anderen Einstiegsfragen sollten Sie auf Machbarkeit in Ihrer Region prüfen. Im Plattdeutschen, im Bayerischen, im Berlinerischen, im Kölschen und weiteren regionalen Dialekten sind andere, mundartlichere Formulierungen denkbar. Mit

Seriösität und Höflichkeit werden Sie jedoch niemals falsch liegen.

Wir haben uns auf zwei Einstiegsfragen beschränkt, doch lassen Sie Ihrer Kreativität freien Lauf. Wichtig ist, dass Ihre Fragen W-Fragen sind und dass Sie sich die Zeit nehmen, Ihre Einstiegsfragen anhand der Erwartungshaltung des Kunden zu überprüfen.

Spiegeln

„In der klientenzentrierten Psychotherapie bezeichnet Spiegeln den Versuch einer Person, auf Verhaltensweisen ihres Gesprächspartners so zu reagieren, dass sie seine Perspektive einnimmt und das Verstandene an ihn ‚zurückspiegelt‘ Das heißt, die Person gibt in eigenen Worten das zurück, was sie von ihrem Gegenüber an Inhalten und Gefühlen verstanden hat." [1]

Früher wurde sehr häufig der Begriff Verkaufspsychologie verwendet. Heute sprechen wir zwar eher von Verkaufstechnik, trotzdem entleihen wir auch jetzt einzelne Elemente oder Erkenntnisse aus der Psychologie. Im Grunde geht es immer darum, dem Kunden etwas Gutes zu tun, um damit den Kauf angenehm und effektiv zu gestalten. Es sollte an dieser Stelle allerdings auch erwähnt werden, dass viele psychologische Techniken als Tricks, die das Kaufverhalten des Kunden manipulieren sollen, missbraucht werden können.

Zu den Elefantenfragen gehört das Spiegeln. Im Spiel ist es die Übernahme des letzten Buchstabens der jeweiligen Tiernamen, den der nächste Spieler als ersten Buchstaben wiederverwenden muss. Im

Verkaufsgespräch ist es die **wortwörtliche Wiederholung der wichtigsten Aussage** aus dem Antwortsatz des Kunden. In der oben genannten Definition des Spiegelns wird deutlich, dass der Versuch unternommen werden soll, sich in die Perspektive des Kunden hineinzuversetzen, und zwar mit folgenden Intentionen: Einerseits vermittelt der Fragende sein Bemühen, den Kunden gut und richtig zu verstehen; andererseits – und dies ist nicht zu unterschätzen – fühlt sich der Befragte besser verstanden, wenn seine eigenen Worte erneut auftauchen. Wer sich besser verstanden fühlt, fühlt sich wohler; wer sich wohler fühlt, vertraut; wer vertraut, kauft sicherer.

Schauen wir uns zur Verdeutlichung unser Beispiel aus Kapitel 1 an:

K: „Die **Farbe der Türen**, den Stil der Griffe, das können wir nun nicht mehr sehen. Und außerdem sind die Geräte langsam fertig."

V: „Darf ich fragen, um welche **Farbe der Türen** es sich handelt?"

Der Verkäufer nimmt bei der Formulierung seiner nächsten Frage exakt die Wortwahl des Kunden auf. Als Küchen-Profi würde er im internen Fachjargon den Begriff *Fronten* anstelle von Türen benutzen. Das würde sich in diesem Gespräch dann allerdings verfremdet anhören:

K: „Die **Farbe der Türen**, den Stil der Griffe, das können wir nun nicht mehr sehen. Und außerdem sind die Geräte langsam fertig."

V: „Darf ich fragen, um welche **Fronten** es sich handelt?"

Es sind die Kleinigkeiten, die den Erfolgreichen vom Erfolgreichsten unterscheiden. Würden Sie in diesem Gespräch den Begriff Fronten verwenden, würde der Kunde seine eigenen Worte nicht widerhallen hören. Es könnte sogar belehrend auf ihn wirken, denn die Frage impliziert gleichzeitig eine Korrektur: *„Es heißt FRONTEN, lieber Kunde. Sie können doch nicht ohne Fachwissen in mein Geschäft kommen und meinen, eine Küche kaufen zu wollen."*

Spiegeln heißt also konkret:

- Konsequent wahrnehmen wollen

- Zeigen, dass der Verkäufer zu- und hingehört hat

- Die Wortwahl des Kunden akzeptieren

- Die Überprüfung des Gehörten

- Durch gute Technik den Ball im Spiel halten

Anhand dieses Beispiels lassen sich natürlich noch weitere wichtige Elemente erkennen, woraus eine durch Spiegeln formulierte offene Frage kreiert werden kann. Auf das Spiel übertragen heißt das: Aus dem „T" des Wortes „Elefant" lässt sich nicht nur der „Tiger" bilden, sondern auch eine „Tarantel", ein „Tapir", eine „Taube" und sogar noch mehr. Bei diesem Verkaufsgespräch kann der Verkäufer auch auf die Griffe oder die „fertigen Geräte" eingehen. In Kapitel 9 finden Sie Praxisbeispiele, die Ihnen die variablen Einsatzmöglichkeiten der Elefantenfragen veranschaulichen.

In manchen Verkaufsgesprächen denkt der Verkäufer laut und wiederholt dann eine Sequenz aus dem Antwortsatz des Kunden. Meist verpasst er dadurch allerdings die Kernaussage und fragt somit nicht tiefer nach, sondern überlegt sich stattdessen eine Frage, die er noch stellen könnte. Zum Beispiel so:

> K: „Die Farbe der Türen, den Stil der Griffe, das können wir nun nicht mehr sehen. Und außerdem sind die Geräte langsam fertig."

> V: „Geräte langsam fertig. Welche Art der Spüle möchten…"

Solch ein Gespräch klingt eher nach einem Echo und meist sind es die letzten Worte des Satzes anstelle der wichtigsten Aussage, die der Verkäufer wiederholt. Diese Art der Gesprächsführung hat mit dem ursprünglichen Ansinnen des Spiegelns sehr wenig zu tun. Es stellt vielmehr die Unsicherheit des Verkäufers, der bereits überlegt, was er noch fragen könnte, zur Schau. Es erinnert mich an einen Schulfreund, der eine Zeitlang seine eigenen letzten beiden Worte stetig wiederholt hat, wiederholt hat. Das hat er gar nicht gemerkt, nicht gemerkt. Aber alle anderen haben dann immer heimlich gelacht, heimlich gelacht.

Die wichtigsten Aussagen identifizieren

Für das Spiel mit den Tiernamen gibt es die klare Regel, dass der jeweils letzte Buchstabe den Anfangsbuchstaben für das nächste Tier bildet. Wie bereits angedeutet, kann diese Regel verändert werden, so dass beispielsweise der dritte oder zweitletzte Buchstabe zum nächsten Anfangsbuchstaben wird. Bei dem Startwort ELEFANT wäre es dementsprechend das „E" beziehungsweise „N", mit dem der nächste Spieler einen neuen Tiernamen bilden muss.

Ähnlich, wenn auch nicht unbedingt genauso eindeutig, kommt es bei den Elefantenfragen bei der Umsetzung nun auf Ihre Wahrnehmung an. Was könnte das Wichtigste im Antwortsatz Ihres Kunden sein? Kommen Verkäufer aus einem beruflich technischen Hintergrund, stürzen sie sich zumeist auf die Hardware, also auf die Wichtigkeiten, die man anfassen kann. In unserem Beispiel aus Kapitel 1 sähe das folgendermaßen aus:

> K: „Die Farbe der **Türen**, den Stil der **Griffe**, das können wir nun nicht mehr sehen. Und außerdem sind die **Geräte** langsam fertig."

Obwohl Verkäufer wissen, dass die Beweggründe des Kunden zu 80 Prozent im Gefühlsbereich liegen, konzentrieren sie sich gern auf technische Details. Geht es um Geschmack, werden einige Verkäufer rasch nervös und trauen sich nur selten, nachzufragen. Dabei bietet die Auswahl von Geschmackskriterien, wobei der Fokus auf dem Optischen liegt, ebenfalls eine gute Möglichkeit, Elefantenfragen zu formulieren:

> K: „Die **Farbe** der Türen, den **Stil** der Griffe, das können wir nun nicht mehr **sehen**. Und außerdem sind die Geräte langsam fertig."

Einen weiteren Blick kann man auf die weichen Faktoren werfen. Das sind die Worte, die erst beim zweiten Hinhören auffallen, die sogenannten Weichmacher, Attribute oder Verben. In unserem Beispiel sähe das so aus:

> K: „Die Farbe der Türen, den Stil der Griffe, das **können wir nun nicht mehr sehen**. Und außerdem sind die Geräte **langsam fertig**."

Schließlich gibt es noch einen weiteren Fokus:

> K: „Die Farbe der Türen, den Stil der Griffe, das können **wir** nun nicht mehr sehen. Und außerdem sind die Geräte langsam fertig."

Wer ist „wir"? Sind wirklich alle Entscheidungsträger beim ersten Verkaufsgespräch dabei? Gibt es geheime Mit-Entscheider, beispielsweise Menschen, die Geld dazugeben, dafür allerdings auch erwarten, dass gewisse Kriterien erfüllt werden oder bestimmte

Materialien in der neuen Küche wiederzufinden sind? Besonders interessant ist es, wenn eine Person allein zum Gespräch kommt und von „wir" spricht. Dann gilt es zu ergründen, wer noch mitentscheidet und wie das organisiert werden kann, ohne der jetzt anwesenden Person den Eindruck zu vermitteln, dass sie allein ja ohnehin nicht kompetent sei. In diesem Fall könnte eine mögliche Elefanten-Nachfrage so lauten:

V: „Wenn Sie sagen **wir**, wen meinen Sie damit?"

Bedenken Sie bitte auch, dass sich Kunden zu Beginn eines Gesprächs sehr unsicher sein können, ob Sie der richtige Verkäufer sind – unsicher beispielsweise, ob es mit der Planung klappen wird oder ob das Budget passt. Einige Kunden reden dann sehr viel, um diese meist unbewusste Unsicherheit zu übergehen, andere sind sehr wortkarg und es erscheint, als ob man ihnen jedes Wort aus der Nase ziehen müsse (sollte es nicht „aus dem Mund" heißen?).

Zu Beginn dieses Kapitels schrieb ich, dass Ihre Wahrnehmung entscheidet, was das Wichtigste im Antwortsatz Ihres Kunden sei. Ich möchte gern Ihre Sinne für das Anliegen des Kunden schärfen. Ein altbekannter Leitspruch lautet: *„Der Kunde ist König"*. Wir leben nicht in einer Monarchie, daher kennen wir uns nur unzureichend mit Königen aus; wir lesen in Klatschblättern über sie und erwischen eventuell noch den einen oder anderen Beitrag im Fernsehen. Dazu ein paar Gedanken:

1. Ein König kümmert sich um das Wohlergehen seines Volkes, zumindest wenn er seine erhabene Stellung ernst nimmt. Das macht ihn zu einem guten König. Dementsprechend behandelt ein guter Kunde auch seinen Verkäufer gut. Doch selbst ein guter König kann einmal schlechte Laune haben, vielleicht weil ihn einer seiner Untergebenen geärgert hat. Es kann passieren, dass ein Kunde Ihnen gegenüber misstrauisch ist, weil er mit anderen Verkäufern schlechte Erfahrungen gemacht hat. Seien Sie also bitte jederzeit freundlich und lassen Sie sich nicht irritieren. Machen Sie sich zu seinem Lieblings-Volk, das er gern gut behandelt.

2. Das Wort *Service* haben wir aus dem Englischen eingedeutscht. Es heißt übersetzt DIENEN. Vor amerikanischen Kirchen stehen Schilder mit dem Wort „Service", die darauf hinweisen, wann der nächste GottesDIENST stattfindet. Weil viele Menschen zu dem Wort DIENEN eine ambivalente Beziehung haben, wurde die Tatsache, dass wir Dienende unseres Kunden sein sollen, sprachlich umgewandelt und modernisiert – man nennt es nun „Dienstleistung" oder eben „Service". Trotzdem bleibt der Dienstgedanke bestehen. Gehen Sie davon aus, dass Ihr Kunde es merkt, wenn Sie in sich keine echte DIENSTleistungshaltung tragen. Bevorzugen Sie es, zu herrschen und sagen sich innerlich, *„ich verkaufe dem Kunden, was ich will!"*? Oder sind Sie bereit, Ihrem Kunden zu dienen?

3. Ein guter Diener weiß, wann der König etwas braucht. Ein gutes Beispiel sind die wohlbekannten englischen Butler, die mit unglaublicher Geduld und Würde die Launen und Gepflogenheiten ihrer Herren ertragen. Sie lassen sich nichts anmerken. Wäre das nicht für Ihr Verkaufsgespräch eine Idee – sich nichts anmerken zu lassen, wenn Ihr Kunde einen „komischen" Einfall zu seinem Produktwunsch äußert? Sie nicht versuchen, es ihm auszureden? Oder dass Sie Ihrem Kunden eine Pause, einen Gang durch die Ausstellung, einen Snack oder etwas zu trinken anbieten, wenn die Zeit dafür reif ist, ganz unaufdringlich und höflich? (Das Wort höflich kommt von den Umgangsformen am HOFE.) Sie können in allen Belangen dem König Kunde zur Verfügung stehen, ihm sozusagen aufmerksam seinen Tee servieren, ehe er danach verlangt.

4. Entwickeln Sie in Ihrem Verkaufsgespräch Auge und Ohr für die tatsächlichen Wünsche Ihres Kunden. Dazu ist es notwendig, seine Motive zu erfragen. Diese stecken nicht in der Technik, sondern man findet sie in den Zwischentönen und den eher verborgenen Bereichen des Antwortsatzes. Wenn Ihr Kunde einen Herd kaufen möchte, sollten Sie nicht automatisch davon ausgehen, dass er lediglich etwas kochen möchte (Grundbedürfnis). Es könnte sein, dass sein Fokus vielmehr auf Sicherheit ausgerichtet ist und er einen Herd mit Kindersicherung oder

Qualitätsware von einem Markenhersteller sucht, um dieses Gerät viele Jahre sicher benutzen zu können (Sicherheitsbedürfnis). Es könnte genauso gut sein, dass der Herd – seinem Geltungsbedürfnis entsprechend – einfach ein schickes oder teures Gerät sein muss, weil er es vielmehr dazu nutzen möchte, Nachbarn und Freunde zu beeindrucken (Anerkennungs-bedürfnis). Der US-amerikanische Psychologe Abraham Maslow hat hier aufschlussreiche Ansätze für die Verkaufspsychologie gegeben.[2] Er hat durch Studium und Beobachtungen festgestellt, dass der Mensch bei seiner individuellen Bedürfnisbefriedigung einer Art hierarchischen Struktur folgt. Aus seinen 1943 begonnenen Untersuchungen ist um 1970 die allgemein bekannte Bedürfnispyramide[3] entstanden, die in den 1980-er Jahren sehr häufig im Verkaufstraining angewandt wurde, um unterschiedliche Bedürfnisse von Kunden zu klassifizieren. Wenn Sie sich also von Ihren eigenen Vorstellungen, wie das Produkt für den Kunden aussehen soll, lösen können, dann entsteht viel Platz für die wahren Wünsche des Kunden. Im Grunde ist er der Entscheider! Anders formuliert: Wenn Sie entscheiden wollen, was der Kunde braucht, dann werden Sie damit leben müssen, dass der Kunde eventuell entscheidet, dass Sie Ihren Vorschlag auch selbst kaufen können, denn Ihr Kunde kauft woanders – dort wo er spürt, dass seine Wünsche wahrgenommen werden.

Hören Sie also besonders gut hin und schärfen Sie Ihre Sinne, wenn Sie herausfinden möchten, was das wirklich Wichtigste im Antwortsatz Ihres Kunden ist. Sie haben zwar mehrere Chancen, nachzufragen, doch wenn Sie seine Wünsche völlig ignorieren oder verfehlen, könnte das Verkaufsgespräch so zu Ende gehen: *„Vielen Dank für die gute Beratung. Wir müssen da jetzt noch einmal eine Nacht drüber schlafen und melden uns wieder – (eventuell erst in ein paar Jahren)."*

Wie bereits geschrieben, es sind die Kleinigkeiten, die einen großen Unterschied machen können. Manchmal kann man den Eindruck gewinnen, dass ein Kunde sich mit einem besonders langen Verkaufsgespräch rächt, wenn man nicht auf seine Wünsche eingeht – so als wolle er sagen: *„Hörst du denn nicht, was ich denke?"*

Wir haben festgestellt, dass es mehrere wichtigste Aussagen im Antwortsatz Ihres Kunden geben kann. Nehmen Sie sich die Zeit, diese Aussagen der Reihe nach zu verfolgen und machen Sie sich dazu, wenn nötig, Notizen. Anhand unseres Beispiels könnte das so aussehen:

> K: „Die **Farbe der Türen**, den Stil der Griffe, das können wir nun nicht mehr sehen. Und außerdem sind die Geräte langsam fertig."

Sie folgen zunächst der Spur der **Farbe der Türen**. Später können Sie den **Stil der Griffe** aufgreifen und darauf eingehen oder andere Fährten, die der Kunde mit seinen Aussagen gelegt hat, aufnehmen. Rechnen

Sie bitte damit, dass Ihr Kunde prüft, ob Sie sich wirklich für ihn interessieren, oder ob Sie lediglich „etwas verkaufen wollen".

Sie sammeln in Ihren Elefanten-Gesprächen sehr viele Informationen. Man könnte die unterschiedlichen Informationen, die Sie speichern sollten, anhand des Ordnerverzeichnisses eines Computers gut darstellen. In unserem bewährten Beispiel sähe das so aus:

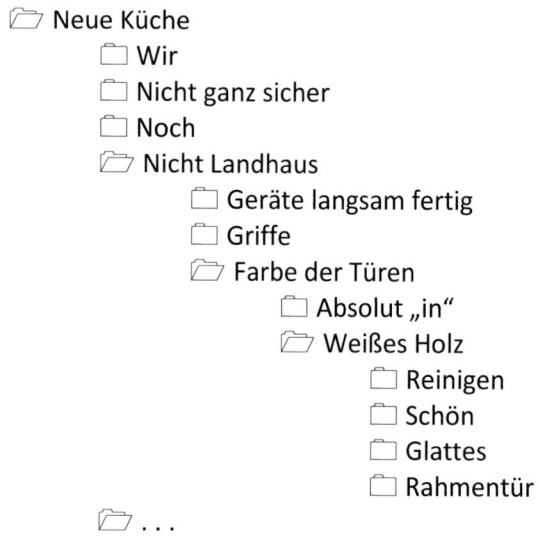

Sie können sich die Informationen Ihres Kunden während des Gesprächs auf einem Notizzettel in ähnlicher Weise notieren. Die Ordnersymbole kosten Sie eventuell zu viel Zeit, daher kann es günstiger sein, auf Striche zurückzugreifen. Mit dieser

Gedankenstütze können Sie jederzeit zurück in einen anderen „Ordner" springen und in diesem Bereich tiefer nachfragen. Zu einem späteren Zeitpunkt könnten Sie beispielsweise die Aussage *„nicht ganz sicher"* aufgreifen oder das Thema Reinigung. Im Grunde liefert Ihnen der Kunde durch seine Aussagen wunderbare Vorlagen für das gesamte Gespräch. Er teilt seine Interessen mit und Sie können bequem alles erfragen und klären, was dem Kunden wichtig, sehr wichtig oder für ihn gar ausschlaggebend ist.

Spielende

Als ich die Überschrift für dieses Kapitel niederschrieb und mir dann genau anschaute, fiel mir auf, dass man das Wort in zweifachem Sinn verstehen kann. Einerseits ist es ein anderes Wort für „Spieler", es könnten also spielende Menschen gemeint sein; andererseits bezeichnet es das Ende eines Spiels. Tatsächlich meine ich mit der Überschrift das Spiel-Ende. Beide Bedeutungen passen gleichwohl zum Elefantenspiel, denn es handelt sich um ein Kommunikationsspiel, das mindestens zwei Spielende braucht. Folgen wir der Strategie des Spiels, dann gibt es ein natürliches Spiel-Ende, dann nämlich, wenn keine Tiernamen mehr gefunden werden können. In meinen Seminaren habe ich beobachtet, dass dies am häufigsten mit dem Buchstaben „U" passiert.

Ziel des Tiernamenspiels ist, so lange wie möglich im Spiel zu bleiben. Ziel der Elefantenfragen ist ebenfalls, so lange wie möglich mit dem Kunden im Spiel, beziehungsweise im Kontakt zu bleiben. Elefantenfragen sollen dem Verkäufer sowohl Impulse und Ideen als auch Struktur geben, ein fortlaufendes Gespräch zu führen. Sie können sehr flexibel genutzt werden, doch es ist hilfreich, ein paar Regeln, die Ihnen das Im-Gespräch-Bleiben erleichtern sollen, zu beachten.

Bereits dann, wenn Sie einer der von Ihnen identifizierten wichtigsten Aussage nur drei Stufen tief folgen, erfahren Sie deutlich mehr als die meisten Verkäufer. In meinen Seminaren lasse ich die Verkäufer fünf Stufen tief fragen, wobei die meisten bereits ab der zweiten Stufe zu grübeln beginnen. Ich kategorisiere die Einstiegsfrage als Stufe Null – es ist die Antwort des Kunden, die den Startschuss gibt. Viele Verkäufer haben einen Fragenkatalog, den sie abarbeiten. Direkt danach beginnen sie, ihre eigenen Vermutungen bestätigen zu lassen und reden oft solange, bis der Kunde ihnen endlich (zumindest äußerlich) zustimmt.

Ist also dann nach der fünften Stufe das Spiel zu Ende? Um es mit den Worten Loriots in seinem Sketch *„Zwei Herren im Bad"* auszudrücken: *Wie Sie wünschen.* Wer über die fünfte Stufe hinaus fragt, wird oft Informationen dabei erhalten, die der Verkäufer ohnehin benötigt und wodurch weitaus mehr Details sichtbar werden, als erwartet. Das Spiel ist zu Ende, wenn der Kunde gekauft hat. Durch wie viele Stufen das Gespräch von der Ermittlung des Bedarfs, über die Argumentation, bis zur Demonstration und dem Abschluss – also dem Vertrag – führt, kommt unter anderem auf die Einwandbehandlung, bei der dem Kunden durch gut formulierte Elefantenfragen alle Einwände verloren gehen können, an.

Je technischer man die Elefantenfragen stellt, desto schneller erreicht man das „U". Je mehr weiche Faktoren man elefantentechnisch spiegelnd rückfragt, desto tiefer reicht die Fragentreppe. Je mehr man die von der Tendenz her kurzen Fragewörter (wo, wer, wann,...) benutzt, desto schneller ist auch das Ende des Spiels erreicht. Fragt man jedoch nach Geschmack, Meinung, Hintergrund und Vorstellungen mit offeneren Fragewörtern (wie, warum [ähm], inwiefern, wieso, wofür, was), umso besser zeigen sich die wahren Wünsche und Bedürfnisse des Kunden.

Wenn Sie denken, Sie könnten wirklich nicht mehr tiefer fragen, dann rufen Sie sich die Antwortsätze Ihres Kunden noch einmal in Erinnerung und durchforsten Sie sie. In unserem Beispiel ließe sich beispielsweise in der dritten Stufe bei den Geräten ansetzen:

> K: „Die **Farbe der Türen**, den **Stil der Griffe**, das können wir nun nicht mehr sehen. Und außerdem sind die **Geräte langsam fertig**."

Denken Sie an das Ordnersystem, das wir im letzten Kapitel ansprachen. Es kann sehr hilfreich sein, nach der Aufwärmphase des Verkaufsgesprächs auf einem Zettel die Stichpunkte der wichtigsten Aussagen aus den Antwortsätzen des Kunden zu notieren. Der positive Nebeneffekt dabei ist, dass der Kunde spürt, dass Sie seine Bestellung ernst nehmen. Er spürt, dass

Sie ihm und seinen Wünschen Respekt entgegenbringen.

Bei einem Spiel gibt es in der Regel Gewinner und Verlierer. Ein Verkaufsgespräch lässt sich jedoch nicht unbedingt als Wettbewerb definieren, in dem einer dem anderen eine Niederlage zufügt. Im Gegenteil — in diesem Spiel sollten beide zu Gewinnern werden. Geht das Spiel zu Ende weil der Kunde keine Gründe mehr hat, zu kaufen, so verlieren beide Seiten. Endet das Spiel jedoch, weil der Kunde keine Gründe mehr hat, *NICHT* zu kaufen, so gewinnen beide Seiten. Sie haben Ihr Produkt verkauft und der Kunde ist am Ziel seiner Produktsuche und verlässt Ihr Geschäft mit dem Gefühl, der eigentliche Gewinner zu sein.

Damit Sie das Spiel so gut wie möglich beherrschen, empfiehlt es sich, im privaten Rahmen zu üben. Auf einer Party können Sie während des allgemeinen Geplauders mit eher unbekannten Personen hervorragend Ihre ersten Versuche starten. Auch Ihr Lebenspartner kann zu Ihrem Mitspieler werden, doch Vorsicht: Wenn Sie die Strategie mit Ihrem/r Lebenspartner/in üben, ohne dass er/sie Bescheid weiß, kann das zu großer Verunsicherung führen und Sie bekommen dann eher die Antwort: *„Was ist denn mit Dir los? Was willst Du?"* Beim Üben mit einem Eingeweihten könnte dieser dann jeweils zunächst Ihre Frage darauf überprüfen, ob es sich wirklich um eine offene Frage handelt. Danach antwortet der Sparringspartner und wartet auf die nächste Frage. Fangen Sie langsam an und schreiben Sie die ersten

Beispiele auf, denn dadurch können Sie Ihre Fehler leichter identifizieren.

Zur Veranschaulichung ein Beispiel:

Frager: „Haben Sie Probleme mit Ihrem Backofen?"

Übungspartner: „Das ist eine geschlossene Frage. Bitte in eine offene Frage ändern."

Frager: „Welche Probleme haben Sie mit Ihrem Backofen?"

Übungspartner: „Das ist eine offene Frage, ich antworte: Also die Reinigung des Ofens ist sehr aufwändig."

Frager: „Ich nehme als wichtigste Aussage **Reinigung** und meine nächste Frage lautet: ‚Wie würden Sie denn am liebsten die Reinigung gelöst haben?'"

Übungspartner: „Das ist eine offene Frage, ich antworte: …"

Das tatsächliche Ende einer Spielsequenz, also das von einer Einstiegsfrage aus immer tiefergehende Nachfragen, ergibt sich, wenn

1. Ihnen partout keine tiefere Frage mehr einfällt. Um es mit dem Tiernamen-Spiel auszudrücken: Sie bekommen den Buchstaben „U" zum vierten Mal. Im Verkaufsgespräch ist das allerdings auch Übungssache.

2. die Bedarfsermittlung abgeschlossen ist – doch wer kann sich sicher sein, dass er alle Bedarfe erfragt und ergründet hat?

3. es den Anschein hat, Sie drehen sich im Kreis.

Mit der Zeit werden Sie die nötige Übung haben und werden merken, dass Sie mit dieser Methode dann auch reibungslos die Themen aufgreifen können, die Sie sich für späteres Nachfragen notiert oder aufgehoben hatten. Es gelingt Ihnen, sie anzusprechen, als hätte der Kunde sie gerade zuvor erwähnt.

Wir schauen nur...

Verkäufer erleben es häufig, dass ihnen Kunden auf ihre Einstiegsfrage mit *einem „Wir schauen uns nur um"* antworten. Das ist eine eindeutige Ablehnung in Richtung Verkäufer. Es drückt deutlich aus, dass der Kunde vom Verkäufer in Ruhe gelassen werden möchte. Genauso wird es auch von dem Verkäufer verstanden und es passiert nur zu leicht, dass er daraufhin eine etwas beleidigte Haltung annimmt: *„Gut, ich lasse dich in Ruhe, aber wenn du mich brauchst, dann musst du zweimal bitten, immerhin habe ich mich zu dir auf den Weg gemacht, dich extra gefragt und du hast mich weggeschickt."* Das Resultat ist, dass der Verkäufer sich hinfort vom Kunden nicht mehr finden lässt.

Doch auch solch einer schwierigen Reaktion können Sie durch Anwendung von Elefantenfragen begegnen. Voraussetzung dafür ist Folgendes:

- Geben Sie dem Kunden einen Moment Zeit, sich in Ihrem Geschäft zu orientieren. Stellen Sie einen kurzen Kontakt aus der Distanz her, beispielsweise durch einen einladenden Augenkontakt oder durch ein unverfängliches „Guten Tag".

- Der Kunde hat sich Ihre Ausstellung bereits eine Zeitlang angesehen.

- Sie sprechen dem Kunden nicht in den Rücken.

Nun könnte sich die Situation wie folgt entwickeln:

V: „Was können wir denn für Sie tun?"

K: „Och, wir **schauen** uns nur um."

V *(tritt einen Schritt zurück)*: „Ja gern. Wonach, ähm, *(kurze Pause)* **schauen** Sie denn?"

Es gibt kaum Kunden, die einem Verkäufer daraufhin ein zweites Mal mit kompletter Ablehnung begegnen, denn ihre bisherige Erfahrung hat sie gelehrt, dass ein Verkäufer sich (beleidigt) zurückzieht und sie in Ruhe lässt. Es könnte allerdings gut sein, dass ein Kunde gerade mit seiner ersten Ablehnung prüft, ob sich ein Verkäufer wirklich engagiert oder nur aus oberflächlicher Höflichkeit, beziehungsweise weil er es vom Chef verordnet bekommt, einen Kunden anspricht.

Bitte achten Sie auf Ihre Körpersprache, denn durch sie vermitteln Sie dem Kunden ebenso wichtige Botschaften wie durch Ihre Worte. In der oben dargestellten Situation zeigt ein Schritt zurück dem Kunden, dass Sie seine Antwort respektieren. Begleitet von einer freundlichen, in sanftem Tonfall gestellten zweiten Nachfrage, drücken Sie außerdem aus, dass Sie den Kunden in Ihrem Geschäft willkommen heißen und ihn gern bei seinen

Kaufüberlegungen respektvoll begleiten. Sie halten somit den Ball im Spiel.

Nun habe ich in diesem Kapitel aufgezeigt, wie Sie mit den Elefantenfragen auf die Kundenaussage *„wir schauen nur"* reagieren können. In einem Verkaufs- oder Rhetoriktraining können weitere Reaktionen eingeübt werden.

Beispiele

Dieses Kapitel zeigt Ihnen einige Beispiele aus dem Verkäuferalltag auf, in denen das Elefantenspiel zu erkennen ist. Es sind Beispiele aus meinen Seminaren. Ich lasse die Verkäufer in kleinen Rollenspielen diese Beispiele vortragen, während die anderen Teilnehmer prüfen und analysieren. Anschließend protokollieren und verfeinern wir die Beispiele, wobei wir unser Augenmerk besonders auf die stringente Umsetzung der Elefantenspielregeln richten.

Nachdem die Verkäufer die Beispiele durchgearbeitet haben und ehe sie sie dann erneut vortragen, frage ich sie nach ihren Erfahrungen in der Gruppenarbeit:

Thomas: „Wie erging es Ihnen mit den Elefantenfragen?"

Teilnehmer: „Och, das war ganz schön **schwer**."

Thomas: „Was war **schwer**?"

Teilnehmer: „Na, immer genau hinzuhören, was der andere sagt und dann so kurzfristig nachzudenken, wie man eine passende neue Frage formuliert." ...

So spiele ich das Elefantenspiel mit einem der Teilnehmer, der es selbst nicht merkt. Nach vier bis fünf Fragen merkt dann ein anderer Teilnehmer der Gruppe, dass ich gerade das Elefantenspiel anwende und ich decke auf. Der Befragte selbst hat es nicht bemerkt. Diese Tatsache liefert den Teilnehmern den Beweis, dass der Kunde, beziehungsweise der Gesprächspartner, nichts von der Technik der Elefantenfragen entdeckt.

Beispiel 1:

V: „Was haben Sie denn jetzt für eine Küche?"

K: „Wir haben eine XY-Küche, die ist aber schon **etwas älter**."

V: „Was meinen Sie mit ‚**etwas älter**'?"

K: „Nun ja, wir haben sie schon seit **20 oder 25 Jahren**."

V: „Welchen Stil haben Sie sich denn vor **20 oder 25 Jahren** gekauft?"

K: „Oh, wir wollten damals **etwas Klassisches**."

V: „Wie meinen Sie das, ‚**etwas Klassisches**'?"

K: „Also, es ist eine Rahmentür in Weiß, ganz in **Hochglanz**."

V: „Wie zufrieden sind Sie mit dem **Hochglanz**?"

K: „Sehr zufrieden. Wir haben zwar mal eine Schramme auf der Oberfläche gehabt, die hat unser **Autolackierer** aber wieder repariert."

V: „Was hat Ihr **Autolackierer** unternommen?"

K: „Ja, der hat sich die Tür ange-schaut, dann gesagt, was es **kostet**, und sie wieder wie neu hinbekommen."

V: „Das ist interessant auch für andere Kunden. Wie viel hat es denn ge**kostet**?"

...

Beispiel 2:

(Eine Variation von Beispiel 1)

V: „Was haben Sie denn jetzt für eine Küche?"

K: „Wir haben eine **XY-Küche**, die ist aber schon etwas älter."

V: „Wie sind Sie damals auf eine **XY-Küche** gekommen?"

K: „Wir hatten Freunde, die waren mit XY sehr **zufrieden**, daraufhin haben wir uns genauer damit beschäftigt."

V: „Und wie **zufrieden** sind Sie?"

K: „**Eigentlich** schon sehr. Es funktioniert an der Küche ja auch noch alles."

V: „Sie sagen **eigentlich** – wie meinen Sie das?"

K: „Mich hat schon immer gestört, dass die Spüle so **schwer zu pflegen** ist."

V: „Inwiefern ist sie **schwer zu pflegen**?"

K: „Zum Beispiel die Kaffeeflecken um den Ausguss herum. Das **Material** nimmt die Farbe vom Kaffee so stark an, dass es gar nicht mehr weg geht."

V: „Welches **Material** hat Ihre Spüle?"

...

Beispiel 3:

V: „Was können wir denn für Sie tun?"

K: „Wir suchen eine **neue Küche**."

V: „Welchen Stil wünschen Sie sich für Ihre **neue Küche**?"

K: „Na, da sind wir uns noch nicht ganz sicher. Auf jeden Fall etwas Modernes mit **hochwertigen Geräten**."

V: „Wodurch kommt es, dass Sie besonderen Wert auf **hochwertige Geräte** legen?"

K: „Wir haben damals billige Geräte gekauft und die haben uns viel **Ärger** und Probleme beschert."

V: „Welchen **Ärger** haben die Geräte denn verursacht?"

K: „Der Geschirrspüler **reinigt** das Geschirr **nicht richtig**; der Kühlschrank verbraucht zu viel Strom und brummt ständig, die Dunstabzugshaube ist so laut, dass man sich nicht unterhalten kann."

V: „Was heißt ‚**reinigt nicht richtig**'?"

K: „Der **Sprüharm** ist zu kurz, nur Geschirr in der Mitte des Korbes wird gespült."

V: „Wie haben Sie das mit dem **Sprüharm** herausgefunden?"

K: „Ein Freund ist Ingenieur, er hat das Gerät geprüft und mit seinem **Miele-Geschirrspüler** verglichen, dabei kam es heraus."

V: „Wie wäre es denn mit einem **Miele-Geschirrspüler**?"   ...

Beispiel 4:

V: „Was suchen Sie denn Schönes?"

K: „Wir suchen eine **Idee** für unsere Küche."

V: „Was meinen Sie mit **Idee?**"

K: „Wir haben schon eine Küche von Ihnen und möchten jetzt noch etwas **ergänzen**."

V: „Wofür ähm, **ergänzen**?"

K: „Uns fehlt noch **Stauraum**."

V: „An wie viel **Stauraum** denken Sie?"

K: „Für das **Geschirr** brauchen wir etwas."

V: „Für welches **Geschirr**?"

K: „Das normale Geschirr passt gut in die vorhandenen Schränke, aber das **Sonntagskaffee-Geschirr** findet keinen Platz. Es steht so eng im Schrank, dass man es nur schwer heraus fummeln kann."

V: „Wie viel Platz nimmt das **Sonntagskaffee-Geschirr** denn in Anspruch?"

...

Beispiel 5:

V: „Was suchen Sie denn Schönes?"

K: „Wir **brauchen** eine neue Küche."

V: „Das klingt so dringend. Was heißt ‚**brauchen**'?"

K: „Wir ziehen beruflich hierher. Jetzt haben wir **erst einmal** eine kleine Wohnung ohne Einbauküche gemietet."

V: „Sie sagen **erst einmal**. An welchen Zeitraum denken Sie da?"

K: „Bis wir ein **Haus** gefunden haben."

V: „Was für ein **Haus** suchen Sie denn?"

K: „Etwas mit einem großem Grundstück, wo unsere **Hunde** Auslauf haben."

V: „Welche Rasse **Hunde** haben Sie?"

K: „Wir haben zwei **Rottweiler**."

V: „Das klingt gefährlich. Inwiefern sind **Rottweiler** tatsächlich gefährlich?"

K: „Also, wenn die wissen, wer ihr Herr ist, gibt es **keine Probleme**."

V: „Hä? **Keine Probleme**?"

...

Beispiel 6:

V: „Was … planen Sie denn Schönes?"

K: „Ich plane einen **Neubau**."

V: „Was genau heißt **Neubau**?"

K: „Ich habe die **Absicht** ein Haus zu bauen."

V: „Was, ähm, meinen Sie mit, ähm, **Absicht**?"

K: „Das Grundstück habe ich schon, und bin auf der **Suche** nach Ideen."

V: „Worauf legen Sie bei Ihrer **Suche** Wert?"

K: „Meinen Grundriss kann ich noch verändern, deshalb möchte ich sehen, ob Sie noch eine **Musterküche** haben."

V: „Welche **Musterküche** gefällt Ihnen?"

K: „Ich habe dort hinten eine **schwarzweiße Musterküche** gesehen."

V: „Wann denken Sie möchten Sie die **schwarz-weiße Musterküche** geliefert bekommen?"

K: „In etwa einem **halben Jahr**."

V: „Weswegen in einem **halben Jahr** bereits?"

…

Beispiel 7:

V: „Was suchen Sie denn Schönes?"

K: „Ich suche **eine Küche** für unser neues Haus."

V: „Welch **eine Küche** suchen Sie denn?"

K: „Ich suche eine funktionelle, **vom Design her** schöne Küche."

V: „Was ist denn in Ihren Augen **vom Design her** schön?"

K: „Mir würde eine Küche mit **Kochinsel** gefallen."

V: „Wie möchten Sie gern die **Kochinsel** gestalten?"

K: „Es soll eine große Insel zum Kochen und Spülen und mit viel **Stauraum** sein."

V: „Inwiefern ist **Stauraum** in der Insel wichtig?"

K: „Ich möchte sowohl Kochgeschirr als auch Essgeschirr in der Insel **unterbringen**, denn ich möchte nur wenige Schränke an den Wänden montieren."

V: „Woran denken Sie, wenn Sie sich das **Unterbringen** des Geschirrs in der Kochinsel vorstellen?"

K: „An **Schubkästen**. Ich möchte Schubkästen, damit ich alles mühelos erreichen kann."

...

Beispiel 8:

V: „Was darf ich für Sie tun?"

K: „Ich interessiere mich für eine neue **Garnitur**."

   V: „Wie soll diese **Garnitur** denn aussehen?"

    K: „**Modern** und robust."

      V: „Inwiefern **modern**?"

      K: „Ich denke an **abklappbare Lehnen**, Metallfüße, freistehend, Microfaserbezug."

        V: „Woher kennen Sie **abklappbare Lehnen**?"

        K: „Nett, dass sie nachfragen, das kenne ich aus einem **Möbeljournal**, das hat mir sehr gut gefallen."

          V: „Welches **Möbeljournal** war das?"

          K: „Puh, das weiß ich nicht mehr."

        V: „Darf ich noch einmal auf die Lehnen zurückkommen? Wofür möchten sie die **abklappbaren Lehnen** nutzen?"

        K: „Im Sommer nutzen wir sehr häufig unsere Terrasse und die Lehne stört beim Hinausgehen, also müsste sie abklappbar sein."

   V: „Sie sagten vorhin robust. Wer benötigt die Garnitur denn **robust**?"

    K: „Unser **Sohn**."

      V: „Hä? Ihr **Sohn**?"

      K: „Der steckt mitten in der Pubertät und nimmt keine Rücksicht auf die Garnitur wenn er **Cola und Chips** isst."

        V: „Wogegen müsste die Garnitur außer **Cola und Chips** noch robust sein?"

        K: „Gegen **Schuhstreifen**."

V: „Wieso **Schuhstreifen**?“

K: „Derselbe junge Mann liebt es, seine Arbeitsschuhe auch auf dem Sofa zu tragen und hinterlässt dann Striche auf dem **Bezug**, die wir nicht mehr entfernen können.“

V: „An welche Art **Bezug** denken Sie?“

...

Beispiel 9:

V: „Für was interessieren Sie sich denn?"

K: „Für eine neue **Wohnwand**."

V: „Wie haben Sie sich denn die neue **Wohnwand** vorgestellt?"

K: „Ich denke an eine **offene Wohnwand**."

V: „Weshalb soll es eine **offene Wohnwand** sein?"

K: „Es wirkt **aufgelockerter** und moderner."

V: „Was verstehen Sie unter **aufgelockerter**?"

K: „Ich möchte, dass sie Platz genug bietet, den **Flachbildschirm** an die Wand zu montieren. Und ich möchte unterschiedliche Wandborde integrieren."

V: „Welchen **Flachbildschirm** haben Sie?"

K: „Wir haben ein ganz tolles Ding ... was der **alles kann**..."

V: „Ich liebe Technik. Verraten Sie mir, was er **alles kann**, ehe wir konkret einige passende Wohnwand-Designs anschauen?"

...

Beispiel 10:

V: „Was möchten Sie denn Schönes?"

K: „Ich **möchte** mir eine moderne Küche zulegen."

V: „Warum, ähm, sagen Sie ‚**möchte**'?"

K: „Weil mir die alte Küche **nicht** mehr **gefällt**."

V: „Was genau **gefällt** Ihnen denn **nicht**?"

K: „Sie hat große Griffe und die **Front** ist gemustert."

V: „Welche **Front** können Sie sich stattdessen vorstellen?"

K: „Eine einfarbige, **helle Front**."

V: „Welche **helle Front** wäre Ihnen am liebsten?"

K: „Ich denke, ich würde **cremefarbig** mögen."

V: „Wieso favorisieren Sie **cremefarbig**?"

K: „Weil ich einen dunklen Fußboden habe und ein eine gewisse Helligkeit erwecken möchte. Weiß erscheint mir allerdings zu kalt und steril."

...

Beispiel 11:

V: „Was kann ich für Sie tun?"

K: „Ich würde mich gern einmal bei Ihnen **umschauen**."

V: „Gern. Wonach möchten Sie sich **umschauen**?"

K: „Ich habe gehört, dass Sie **Betonarbeitsplatten** im Sortiment haben."

V: „Weswegen interessieren Sie sich denn für **Betonarbeitsplatten**?"

K: „Ich würde gerne meine **alte Küche** etwas aufhübschen."

V: „Das klingt danach, dass Sie mit Ihrer Küche sehr zufrieden sind. Was macht Ihre **alte Küche** so besonders?"

K: „Ja, ich bin total zufrieden. Die Fronten sind zeitlos, die Ausstattung ist gut durchdacht, jedoch ist die **Arbeitsplatte** sehr zerschlissen."

V: „Weshalb ist die **Arbeitsplatte** so zerschlissen?"

K: „Wir kochen sehr viel und haben uns damals nur eine einfache Arbeitsplatte leisten können. Nun möchten wir etwas qualitativ Hochwertiges und möchten gleichzeitig die Küche **verschönern**."

V: „Wie weit sind Sie mit Ihren Vorstellungen zum **Verschönern** schon gekommen?"

...

Wohin läuft Ihr Elefant?

Werden Sie es ausprobieren? Es ist verständlich, dass die Entscheidung, eine neue Strategie in das eigene Verkaufsgespräch zu integrieren, aufgrund des bloßen Lesens eines Buches nicht gerade einfach ist. Doch wenn einzig das Vorhaben, sich intensiver mit dem Kunden zu beschäftigen übrigbleibt, ist das bereits ein Gewinn für die vielen tausend Kundengespräche, die täglich in unserem Land geführt werden.

Mir selbst fällt es durch die Elefantenfragen viel leichter, mit Menschen über Gott und die Welt ins Gespräch zu kommen. Durch die ganz unterschiedlichen Gespräche, die sich daraus ergeben, entwickle ich neue Variationen und Spielregeln und probiere sie aus. Auch Ihnen wünsche ich, dass Sie in Ihrem Beruf durch die Anwendung von Elefantenfragen erfolgreicher werden.

Ihre Beispiele und Erlebnisse mit Ihren Elefantenfragen interessieren mich sehr. Gern dürfen Sie mir Ihr Feedback oder Gesprächsbeispiel zur Überarbeitung senden – ich sammle diese Praxisbeispiele mit Freude und Interesse.

Zum Abschluss möchte ich Ihnen eine rührende Geschichte erzählen, die hoffentlich auch Sie zum Ausprobieren der Elefantenfragen zusätzlich anregt: In einem Seminar kam eine Verkäuferin mit einem strahlenden Gesicht und der Bemerkung *„Es hat funktioniert!"* aus der Pause zurück. Wir alle waren gespannt, was sie zu berichten hatte. Sie hatte die Zeit genutzt, ihre Mutter, zu der nicht gerade das beste Verhältnis bestand, anzurufen. *„Mama, wie geht es Dir?"* war ihre Einstiegsfrage. Dann hat sie ganz stringent mit der Elefantenfragelogik ihre Mutter ins Gespräch gebracht. Das Lächeln kam vor allem daher, dass ihre Mutter am Ende des Gesprächs sagte: *„Tochter, das war endlich mal wieder ein richtig schönes Gespräch mit Dir!"* Der Elefant dieser Teilnehmerin war gut ins Laufen gekommen.

Und nun viel Erfolg! Auch Ihr Elefant lernt das Laufen hoffentlich schnell…

Ihr Thomas Diekmann

info@beratung-diekmann.de

Über den Autor

Thomas Diekmann, Jahrgang 1965, verheiratet und Vater von drei Kindern, begann sein Berufsleben als Bankkaufmann, wechselte in den Möbelgroßhandel und führt seit 1991 sein eigenes Unternehmen (Küchenstudio) im Großraum Leipzig. Im Anschluss an seine erfolgreiche Unternehmensgründung absolvierte er eine umfangreiche nebenberufliche Ausbildung als Mediator, Coach und Supervisor. Seit 1999 bietet er variabel einsetzbare Seminare, Trainingseinheiten und Beratungen für Gruppen und Einzelpersonen im In- und Ausland an. Die Angebotspalette umfasst unter anderem:

- Einzel- und Gruppencoaching

- Kommunikations- und Motivationstraining

- Verkaufs- und Verhaltenstraining

- Videotraining

- Moderation

2011 gründete Thomas Diekmann das *L.E. Startbüro e.V.*, das sich zum Ziel gesetzt hat, eine nachhaltige Entwicklung von Jugendlichen, die durch ihre Eltern nicht die nötige Unterstützung bekommen können, zu fördern und ihnen hilft, Perspektiven zur persönlichen Zukunftssicherung zu entwickeln.

Detaillierte Informationen finden Sie im Internet unter:

www.beratung-diekmann.de

www.kueche-leipzig.de

www.le-startbuero.de

Quellennachweis

1 *Wikipedia, Die freie Enzyklopädie.*
de.wikipedia.org Permalink des Artikels:
de.wikipedia.org/w/index.php?title=Spiegelung_%28Psych
ologie%29&oldid=116337619

2 **Abraham H. Maslow**: *Motivation und Persönlichkeit.*
(Originaltitel: *Motivation and Personality* Erstausgabe
1954, übersetzt von Paul Kruntorad) 12. Auflage, Rowohlt,
Reinbek bei Hamburg 1981, ISBN 978-3-499-17395-0

3 **Thomas Breyer-Mayländer:** *Einführung in das
Medienmanagement: Grundlagen, Strategie, Führung,
Personal.* Oldenbourg Wissenschaftsverlag, 2004.
ISBN 3-486-27594-1
Abraham H. Maslow, Henry Geiger, Bertha G. Maslow:
The Farther Reaches of Human Nature. Penguin Group
(USA) Inc., New York 1993, ISBN 978-0-140-19470-8